UNIVERSIDAD CEU CARDENAL HERRERA
FACULTAD DE HUMANDADES Y CIENCIAS DE LA COMUNICACIÓN

NAVEGAMOS HACIA LA INNOVACIÓN Y LA INCLUSIÓN EDUCATIVA
(PROYECTO DE DIRECCIÓN EDUCATIVA DEL "IES CAÑONES DEL JÚCAR")

VIIIª EDICIÓN
MÁSTER U. EN GESTIÓN Y DIRECCIÓN DE CENTROS EDUCATIVOS

CURSO 2018-2019

Trabajo Fin de Máster
Presentado por: CLARISA DEL RINCÓN GIMENO
Dirigido por: Vicente Marchante como Tutor del TFM

ÍNDICE:

PROYECTO DE DIRECCIÓN EDUCATIVA DEL "IES CAÑONES DEL
JÚCAR": NAVEGAMOS HACIA LA INNOVACIÓN Y LA INCLUSIÓN
EDUCATIVA

Dedicatorias y agradecimientos

Me gustaría poder dar las gracias por una parte a Vicente Marchante por ser mi tutor del TFM y que me ha ayudado en la realización del mismo, por otra parte, a José Rodolfo Das, por ser mi compañero de viaje en esta puesta en marcha de lo que va a ser nuestro Proyecto de Dirección del nuevo IES Cañones del Júcar. Gracias a los dos, pero en especial, gracias a los alcaldes de los municipios colindantes a nuestro centro, ya que si su ayuda sobre todo económica, esto no hubiese sido posible. Espero que este trabajo no os defraude vuestras pequeñas o grandes expectativas, ya que lo he realizado con mucho cariño por la educación de los alumnos de este municipio, y con la pretensión de que se pueda hacer realidad el próximo curso escolar, donde ahora sí, tras muchos años, "Hemos logrado pasar de tener en nuestro municipio una Sección del IES Fernando III de Ayora, a poder tener y disfrutar de un IES, de nuestro IES Cañones del Júcar, en nuestro municipio".

<u>**RESUMEN**</u>

El proyecto directivo de un centro educativo es una entidad en sí mismo. A pesar de que se trata de una norma que regula la forma general del funcionamiento de los centros, cada uno de ellos tiene sus características propias, su identidad. Con este proyecto, pretendemos llegar a todos los docentes del centro educativo del que formamos parte. Para ello, se ha hecho partícipe del mismo a todos los docentes para que de esta manera, disfruten del proyecto como los realizadores del mismo que somos los que vamos a formar parte de este Equipo Directivo.

A lo largo de este Trabajo de Fin de Máster (TFM) se va a observar la relación tan estrecha y los vínculos de afectación que tienen los docentes con el Equipo Directivo y este proyecto en cuestión, con toda la Comunidad Educativa haciendo que cada uno de ellos ponga su granito de arena en la educación de cada uno de los alumnos, velando por la inclusión de los mismos, y sin hacer ninguna distinción.

Comentar, que este proyecto que tiene una duración de 4 cursos escolares, se ha realizado con la ayuda y participación de los docentes que en la actualidad están en el centro, sobre todo atendiendo a los docentes con destino definitivo en el mismo para que todos hicieran suyo este proyecto y se lleve a la perfección, sobre todo cuando si en algún momento dado del mismo, surge algún problema, entre todos se llegue a una solución lo menos drástica y lo más rápida posible. De esta manera pues, el Equipo Directivo hacemos que en el centro se cree un buen clima escolar y de convivencia en el centro educativo en el que vamos a compartir estos cursos escolares siguientes.

A lo largo de este TFM, se desarrollan aspectos con alusiones al proyecto de dirección que vamos a presentar a continuación.

Palabras clave: proyecto, dirección, inclusión, innovación, educativa.

ABSTRACT

The directive project of an educational center is an entity in itself. Although it is a rule that regulates the general form of the operation of the centers, each of them has its own characteristics, its identity.

The aim of this research is to reach all teachers of the educational center we are part of. In order to do so, all teachers have been included in the project so that they can enjoy it as well as the ones who are part of this Management Team.

Throughout this Final Master's Project (TFM) (MASTERS' FINAL DISSERTATION) the close relationship and the links of involvement that teachers have with the Management Team are observed and this project itself, with the entire Educational Community making each of them have a role in the education of each of the students, ensuring the inclusion of them, and without making any distinction.

Furthermore, this project, which has a duration of 4 school years, has been made with the help and participation of teachers who are currently in the center, especially paying more attention to those teachers with their final destination in the same school for everyone to do carry out this project perfectly, so that, if at any given moment, a problem arises, between all of us we will reach a solution that is as drastic and as quick as possible. Thus, the Management Team makes sure that the school creates a good school climate and coexistence in the educational center in which we will share these following school courses.

Throughout this TFM, the developed aspects make allusions to the management project that we will present below.

Key Words: project, direction, inclusion, innovation, education.

1. Introducción

Antes de comenzar con este Trabajo de Fin de Máster (TFM) sobre un Proyecto de Dirección, me gustaría nombrar que lo he decidido llevar a cabo, ya que en el centro en el que estoy trabajando actualmente como Orientadora Educativa y Jefa de Estudios, junto al Director del centro, vamos a presentar el Proyecto de Dirección el próximo curso escolar. Lo que nos ha impulsado a llevarlo a cabo, ha sido el hecho que debido a que el centro educativo actualmente es una Sección de un IES de un pueblo cercano, y gracias a un proyecto que se mandó con la necesidad de que el centro tuviera Bachiller, y Ciclos Formativos de las familias que se demandan por esta zona, se ha conseguido que para el curso escolar próximo pase a ser un IES propiamente dicho. Por ello, la Conselleria de Educación nos ha demandado un Proyecto de Dirección innovador, en el que se refleje toda la actualidad de toda la Comunidad Educativa, y con él, se dé respuesta a todas las necesidades que se demandan en la zona, sobre todo por parte de nuestros alumnos y de sus familiares, que son los agentes más implicados, ya que sin ellos, nada de esto sería posible llevar a cabo. Por ello, me gustaría que todos cuanto lean este trabajo os adentraseis a la misma aventura a la que nos vamos a adentrar un grupo de personas que queremos que nuestro centro cambie, sea innovador, y por supuesto, sea un IES mágico para todos los alumnos que en él están matriculados. Queremos que sea un referente para la zona, y esto sólo lo conseguiremos con un buen proyecto de dirección en el que todos rememos en la misma dirección.

Por lo que, según García Olalla y Aguirregabiria Barturen, 2006, podemos definir el proyecto directivo como un documento de gestión que sirve como marco de referencia para la planificación y organización de la vida del centro, con especificación de las estrategias y acciones que considere necesario desarrollar. Así, decir que todas las estrategias dentro del mismo deben ser coherentes con los instrumentos de ordenación y planificación de todas las actividades del centro (teniendo en cuenta el PEC, ROF, Proyecto curricular, etc.) siendo estas concretadas y expuestas en los planes anuales mediante objetivos, acciones, etc. La dirección en los centros educativos actualmente, es un gran reto para muchos docentes tanto por los que deciden embarcarse en ello, debido a que en nuestra sociedad existe un déficit en la autoridad de las figuras del Equipo Directivo, existe falta en la formación de los docentes que empiezan en este camino, como los déficits que vemos día a día en nuestros centros, que se convierten en problemas asociados como son todas y cada una de las dificultades que surgen entre la convivencia de los docentes, la reticencia que existe ante la salida de su área de confort y el ser reacios a los cambios, la innovación en sus clases, metodologías, etc. Todo ello es un gran reto a lograr y a llevar a cabo por el Equipo Directivo, para dar respuesta y solución a todo lo que se enfrente en su centro día a día.

Uno de los objetivos principales del presente proyecto decir que sería un objetivo doble, es decir, por una parte, se pretende plasmar un grado de satisfacción y consecución en y con mis compañeros docentes, para poder ver una mejora en nuestro centro, que gran falta le hace, ya que si comprobamos la realidad y las necesidades que este tiene, podemos ver que la Comunidad Educativa, toda ella, necesita un cambio para hacer que nuestro centro sea atrayente, cercano, y sobre todo, un centro de referencia para ellos; y por otra parte, se pretende conseguir un centro cercano y agradable para toda la Comunidad Educativa. Estamos convencidos de que en un ambiente agradable todo es más sencillo, y especialmente la gran tarea de formar a individuos críticos, respetuosos con la diferencia, autónomos y preparados para afrontar el futuro que nos espera.

A través de este proyecto, pretendemos que toda la Comunidad Educativa, y sobre todo los docentes del mismo se comprometan con nosotros y con nuestro proyecto, haciéndolo suyo también, ya que de esta manera, es cuando velarán por la existencia del mismo, ya que serán partícipes de él, y no meros trabajadores del centro. Nuestra función va a ser la función directiva, que es clave para que nuestro centro educativo cumpla con todo su objetivo de eficacia y equidad en todo lo que vamos a ofrecer con dicho documento, en el que se exigirá un compromiso por parte de todos como ya he comentado, en el que todos hagamos que la mejora en centro sea notable en los años de la candidatura, siempre haciendo mención e hincapié en los objetivos y principios de nuestro centro, guiando su actuación día tras día impulsando una calidad notable y visible entre nuestros alumnos. También decir, que se pretende aportar las herramientas organizativas y metodológicas para que en nuestro centro se pueda trabajar, estudiar, investigar, y convivir en paz y en libertad, donde todos seamos iguales, y se fomente la inclusión educativa. Y, como no, no olvidar al papel fundamental que tienen las familias y/o tutores legales de nuestros alumnos, que han de ser partícipes directas de la educación de sus hijos en todo momento, sin dejarles de lado, ya que en estas edades se encuentran inmersos en cambios continuos en su vida tanto personal como profesional (bien a nivel psicológico, emocional, académico, etc.).

A continuación, pasaré a exponer la estructura de este trabajo, que la hemos dividido en varios apartados, habiendo nombrado ya los elementos introductorias de este TFM como es un breve resumen de lo que es un Proyecto Directivo, y una Introducción del mismo, como es esta que estoy nombrando. Así, el resto de apartados que nombraré, serán como son los siguientes:

- Los Objetivos del proyecto de dirección que llevaremos a cabo.
- Una Metodología en la que nos centraremos en los aspectos principales del diseño de este TFM. Debemos recordar aquí, que para este abordaje metodológico, hemos empleado

técnicas tanto cuantitativas como cualitativas para poder llevarlo a cabo.

- Respecto al Marco teórico, decir que lo subdividiremos en varios apartados, donde recojamos características esenciales y funciones propias de dicho proyecto de dirección, así como presentaremos el contexto en el que nos encontramos, y en el que nos queremos encontrar una vez realicemos y expongamos este TFM en Conselleria de Educación, para poder llevar a cabo este proyecto en el nuevo centro durante al menos 4 años, en los que queremos poco a poco afianzar nuestros programas y planes sugeridos en el mismo.

- Una vez expuesto todo lo nombrado, pasaremos al Desarrollo del TFM propiamente dicho, en el que expondremos todos los programas, planes a llevar a cabo, los fines del mismo, etc.

- Y, como punto final del TFM, pasaremos a las Conclusiones del mismo, donde terminaremos recogiendo los resultados, interpretaciones dadas del proyecto,... teniendo en cuenta todo lo nombrado a lo largo del trabajo.

2. Objetivos

En primer lugar, como objetivos de este TFM, me gustaría poder nombrar los siguientes a grandes rasgos:

- Definir qué es un proyecto de dirección, y cómo se va a llevar a cabo en mi centro educativo, que pasa de ser Sección a IES.

- Presentación de un proyecto directivo real, que se presentará el curso escolar próximo en la Conselleria de Educación.

Y, en segundo lugar, nombrar los objetivos generales que se persiguen con este proyecto de dirección. Estos están organizados en tres grandes ámbitos que son:

Ámbito Académico e Institucional

• Reducir el escaso porcentaje de abandono y fracaso escolar.

• Evaluar los procesos y programas del centro para incorporar mejoras aumentar la eficiencia.

• Incentivar la coordinación docente.

• Repartir tareas y cargos intermedios: claustros participativos.

• Repartir tareas y actuaciones para el personal no docente.

• Fomentar la formación del profesorado.

• Potenciarlas lenguas extranjeras y ofrecer al alumnado contacto con otras culturas y realidades.

• Mejorar y promover acciones para la buena convivencia a todos los niveles.

• Ampliar y variar el conjunto de actividades extraescolares.

• Incentivar la participación del alumnado en la vida del centro educativo.

• Potenciarlas TICs (Tecnologías de la Información y la Comunicación).

• Hacer una evaluación y diseño de la atención a la diversidad más adaptada a las necesidades de nuestro alumnado.

• Continuar mejorando la imagen del centro mediante la difusión de la actividad académica y extraescolar.

• Crear la figura de un profesor responsable de los alumnos con asignaturas pendientes.

• Ampliar el PAM.

• Continuar en el proyecto *El entorno como recurso educativo.*

• Seguir trabajando en la inmersión lingüística, ya que al ser una zona castellano parlante, hemos e promocionar el uso de nuestra lengua cooficial en nuestra Comunidad.

Ámbito de Organización y Gestión

• Conseguir una buena coordinación del Equipo Directivo.

• Optimizar los recursos e infraestructuras del centro.

• Elaborar un protocolo de acogida del nuevo profesorado, debido a que en su mayoría, son docentes interinos.

• Mejorar el buen funcionamiento de la Comisión de Coordinación Pedagógica (CoCoPe).

• Actualizar el Plan de Convivencia.

• Revisar el RRI.

• Actualizar el Proyecto Educativo de Centro en colaboración con toda la comunidad educativa.

• Renovar el Plan de Acción Tutorial.

• Mejorar las condiciones de limpieza del centro.

• Renovar el Plan de Atención a la Diversidad e Inclusión Educativa (PADIE).

Ámbito de Participación de la Comunidad Educativa

• Organizar jornadas de acogida a los padres y madres de alumnos.

• Favorecer la participación de las familias y el AMPA del centro educativo.

• Potenciar el uso de la WEB FAMILIA como instrumento de comunicación con las familias.

• Mejorar la WEB del centro y ampliar su uso a toda la comunidad educativa

• Elaborar un plan de control del transporte escolar.

Por lo tanto, lo que pretendemos con este Proyecto de Dirección es aportar una serie de herramientas organizativas y metodológicas para que en nuestro centro se pueda como ya he comentado, estudiar, investigar, y convivir en paz y libertad, queremos fomentar un centro educativo donde las personas y sus relaciones estén ante todo, porque cuando se trabaja con ilusión y una mentalidad positiva ante las cosas, se consiguen muchos y mejores resultados académicos. Aquí, no olvidemos que uno de nuestros principales objetivos es la reducción del fracaso escolar de nuestros alumnos. Pero para ello, hemos de contar con la participación de toda la Comunidad Educativa, en especial con las familias de nuestros alumnos, puesto que son el mayor y principal eje en la educación de los mismos.

3. Metodología

Respecto a la metodología que se va a llevar a cabo en el centro educativo según este proyecto de dirección, decir que se debe asumir una metodología ecléctica y de inclusión tanto de los diversos modos de concebir la dirección de un centro educativo, como de las diversas formas de organizar en la vida diaria el trabajo de dirección. Será a través de la descentralización de tareas, es decir, la persona que dirige, en este caso, el director de centro junto a su Equipo Directivo, es o son las que marcan la dirección de hacia dónde queremos ir o llegar, y el resto de docentes, serán los que remen en esa dirección, ya que es la única manera de que un proyecto de dirección salga adelante, haciendo partícipes a todos y cada uno de los docentes. Uno de los problemas más comunes en los centros educativos es que siempre hay alguien que no rema en la misma dirección, pero...esta persona al final acaba subiendo al barco para que este no se hunda, y llegue a su destino.

Desde el Equipo Directivo trabajamos en la línea de cuatro ideas importantes que nos ayudarán a alcanzar nuestros objetivos marcados en este proyecto directivo. Tener en cuenta, que estas se van a definir como unas líneas de trabajo y de actuación encargadas a los docentes, y nosotros como Equipo Directivo, seremos los que las supervisemos y evaluemos para comprobar los objetivos y los logros intermedios adecuados para su consecución. Por lo tanto, la <u>primera idea</u> que se va a llevar a cabo es la Descentralización de tareas en los docentes:

- Nombramiento de los Coordinadores de los diferentes programas que se van a llevar a cabo en el centro, como: TIC, PADIE,

Biblioteca, Xarxa de llibres, formación del profesorado, etc. (Esto se llevará a cabo proporcionando a los docentes que serán los encargados una carpeta de bienvenida que contendrá: hoja de la temporalización con sus tareas a lo largo del curso escolar, realización de reuniones con firma de acta en la que se exponga el funcionamiento del desarrollo de sus tareas. En estas reuniones, se podrán tratar temas como: qué tal va la coordinación, si ha surgido algún problema o duda, si se necesita ayuda o no, y sobre todo al final de curso, preguntar con un cuestionario sencillo, si la coordinación se puede mejorar, y de qué manera).

Respecto a la segunda idea que se va a llevar a cabo, es la idea de la Supervisión recíproca, en la que controlamos como Equipo Directivo y a la vez informamos, dado que convivimos el mismo cielo, las distintas coordinaciones, comisiones, etc. Con esto me refiero a que todo ello no son entes aislados que funcionan independientemente, sino que lo hacen de manera coordinada fomentando el intercambio de tareas, su no duplicidad o de responsabilidades y la realización de tareas en grupo. Por lo que, es conveniente conectar a toda la Comunidad Educativa con un ente conocedor de todas las facetas del centro educativo, que en este caso, será el Director junto a su Equipo Directivo.

Como tercera idea importante del proyecto directivo, será el papel tan importante que tiene la Coordinación de todos los docentes en el centro educativo.

Y, como cuarta y última idea principal y no por ello ser la menos importante, mencionar la implicación de los docentes, que a grandes rasgos, decir que un proyecto de dirección ha de, como he nombrado anteriormente, favorecer el sentimiento de pertenencia y de utilidad de todo el Equipo Docente, haciéndoles partícipes directos del proyecto, ya que si una persona se siente importante, hace lo imposible porque no tenga repercusiones negativas, sino positivas sobre los demás compañeros y sobre todo, de la educación de los alumnos, que es por lo que debemos velar como docentes que somos, por su bienestar y su aprendizaje, y que este sea lo más favorecedor e inclusivo posible. Por lo que, la implicación, se verá reflejada en cada uno de los mismos, y de sus tareas que le hacen copartícipes de este proyecto presentado.

Las características que tendrá en Equipo Directivo sobre la metodología utilizada y llevada a cabo en el proyecto, decir que será una metodología:

- Centrada en la prevención.
- Integrada en el currículo y en la legislación vigente en educación sobre los centros educativos y sus actuaciones.
- De carácter sistémico y colaborativo entre toda la Comunidad Educativa, pero en especial, con los docentes que se hará que sean partícipes de este proyecto, para remar todos en la misma dirección en la educación de nuestros alumnos.
- Al servicio de la atención a la diversidad.
- De tipo constructivista e inclusiva.
- Basada en la intervención mediante programas que se llevarán a cabo en el centro educativo.
- Basada en la intervención individualizada tanto de los alumnos como del resto de la Comunidad Educativa.
- Basada en el asesoramiento al profesorado y a la organización escolar.
- Basada en las TIC.

Por lo tanto, el trabajo del Equipo Directivo es una responsabilidad compartida, un trabajo en equipo que implica a toda la Comunidad Educativa, y nuestra tarea es de conexión entre todos ellos buscando ante todo, el desarrollo integral del centro educativo.

Respecto a los materiales a utilizar y las técnicas más utilizadas serán:

- Las evaluaciones y autoevaluaciones a través de cuestionarios.
- Observación con registros de actas, autoinformes, registros acumulativos, etc.
- Entrevistas.
- Dinámicas de grupo (sobre todo con los docentes para velar por el compañerismo y técnicas de relación entre los mismos).
    - Programas a llevar a cabo sobre: PADIE, PAT, Plan de Convivencia, etc.

4. Antecedentes teóricos del tema del proyecto de dirección.

Me gustaría nombrar que los artículos, obras y estudios sobre los proyectos directivos en educación estudiados para este TFM, decir, que tienen teorías sólidas relacionadas con este tema de este trabajo sobre mi Proyecto de Dirección, y por lo tanto, son claves para llevar a cabo una investigación sobre este campo que nos ocupa, ya que permite analizar el grado de consecución de lo que se pretende en él, y como consecuencia, tener una base diagnóstica que establezca las mejoras oportunas de cara al futuro en nuestros centros y sobre todo, en el IES al que se hace referencia en este TFM. Este proyecto está fundamentado en un buen conocimiento de lo que es la realidad, identificando necesidades y expectativas de toda la Comunidad Educativa y determinando sus prioridades a las que habrá que atender de una u otra manera de manera que sean para mejorar la realidad a la que hacemos frente, y con las que mejoremos la realidad en la que vivimos y estamos inmersos.

Los proyectos de dirección tienen su compromiso en la intervención durante el tiempo en el que se presente el proyecto, es decir, en este caso, para 4 años de vigencia, y en la que todos los docentes serán los que lleven a cabo y velen por este proyecto directivo, es decir, que cada una de las personas del IES crea en él, y lo haga de sí mismo con tal de cumplir los objetivos que ahí se proyecten para optimizar una eficacia y equidad de calidad con y entre todos. Por lo tanto, la función directiva es clave para que el IES cumpla los objetivos marcados para conseguir los compromisos que se asumen desde la dirección y desde, como he comentado, toda la comunidad educativa lo que el mandato estipule.

Además, decir que en el proyecto de dirección se sitúa al Equipo Directivo y a todos los docentes del IES en un proceso en el que la Toma de Decisiones (TDD) ha de ser lógica y coherente con todos los principios educativos nombrados y llevados a cabo en el IES, según las prioridades que se estipulen. Así, podemos decir que el Proyecto de Dirección es el documento que nos sirve como marco de referencia a la hora de organizar y planificar toda la vida del IES, con especificación de las estrategias y acciones que considere necesario desarrollar (García Olalla y Aguirregabiria Barturen, 2006). Por lo tanto, decir que todas las estrategias nombradas han de ser coherentes con los instrumentos que se publiquen y ordenen en el IES como son: el PEC, PC, ROF,... así como deben ser concretadas en los planes de carácter anual del centro mediante la concreción de sus objetivos, contenidos, competencias,... con tal de que sean beneficiosos y ayuden a toda la comunidad que esté implicada.

A comentar, uno de los hándicaps que más me preocupaba a la hora de realizar este TFM y mi Proyecto de Dirección como mujer, me refiero con ello, a que el sector femenino a la hora de pertenecer al Equipo Directivo, en ocasiones es vulnerable al qué dirán, a que la gente se plantee si lo llevará a cabo igual que un hombre,... por lo tanto, al leer el estudio realizado en el libro de la Contribución 4: La mujer en la dirección de los centros escolares andaluces (Mª José Carrasco Macías de la Universidad de Huelva), se dan resultados que surgen de un conflicto de roles en el que parecía existir una serie de barreras que afectaban al desempeño de la dirección del centro, y en cambio en el estudio, se ha comprobado que éstas son inexistentes y que el autoestima de la mujer está dentro del promedio alto en el que las directoras no tienden a dudar de su capacidad para ejercer la dirección y a la vez no descuidar la familia, teniendo en cuenta que ellas no dudan de su capacidad para ejercer la dirección, sino todo lo contrario, se consideran con las cualidades y aptitudes necesarias para el cargo. Así, como se muestra también en este estudio, que ni las familias, ni docentes ni alumnos tienden a comportarse de forma diferente con un director varón a como lo harían con ellas.

4.1. Construcción del marco teórico.

El proyecto de dirección que está desarrollado en el punto de este TFM, está enmarcado en la normativa vigente para la Enseñanza de Secundaria y Bachillerato, así como también, se encuentra enmarcado en la normativa correspondiente a los centros públicos del Sistema Educativo Español de la Comunidad Valenciana, teniendo en cuenta que se van a nombrar la legislación que sea más relevante para este caso.

4.2. La concepción del proyecto de dirección.

En general, el concepto del Proyecto de Dirección es un concepto abstracto que tiene varios significados así, distinguiré que éste es el barco que nos guía, que nos orienta y que nos responde a todas las metas y objetivos que nos trazamos en este viaje en barco. Nos permite llegar a los objetivos propuestos de mejora para nuestro centro. Por lo que, es un proyecto que es compartido, dinámico y vivo que precisa la colaboración, el entusiasmo y sobre todo, el llevar a cabo de todo el Equipo Directivo y del Claustro, del Departamento de Orientación, y de la colaboración de los alumnos, familias y/o tutores legales, y de toda la Comunidad Educativa implicada en el centro. Esta reflexión hace que lleguemos a pensar en crear un Proyecto Directivo inclusivo por una escuela integral para todos.

Destacar también, que la actividad directiva en los centros educativos como nos indica Sánchez Ramón, J.M., tiene una repercusión sobre la calidad del centro educativo, influyendo en la docencia y en el rendimientos de los alumnos, que es la finalidad a la que todo profesor se expone. Por lo que decir, que este modelo del que nos nombra Sánchez Ramón J.M., está encaminado a modelos que son pedagógicos, participativos y especializados sobre todo a nivel europeo. Decir, que en España en los últimos años se está viendo cómo las metodologías en las aulas y el centro educativo en sí están siendo más participativos en la educación de todos los alumnos de manera inclusiva, a pesar de que aún nos queda por llegar a niveles europeos, debido a que los equipos directivos carecen en la mayoría de ocasiones de formación, y estos hace que se produzca una ausencia de profesionalidad en el cuerpo directivo, por lo que se ve reflejado en los modelos pedagógicos que un centro intenta inculcar a su comunidad educativa.

4.3. Normativa legislativa a la que hace referencia este proyecto.

La normativa vigente a la que hace referencia y por la cual se regula este proyecto de dirección y en la que me baso para la realización del mismo, así como las decisiones organizativas y pedagógicas del centro es la siguiente respecto al ámbito estatal:

- Constitución Española de 1978 en su artículo 27 sobre los derechos fundamentales y de las libertades públicas, donde se reconoce el derecho a la educación de todos, y donde se reconoce la libertad de enseñanza, así como también se describe el pleno desarrollo de la personalidad en el respeto a los principios democráticos de la convivencia y a los derechos y libertades fundamentales de cada ciudadano. Establece que los poderes públicos garantizarán el derecho a asistir y recibir la formación religiosa y moral. Se determina también una educación básica como obligatoria y gratuita. Y, también destacar, que los profesores y las familias, así como en su caso los alumnos, intervendrán en el control y gestión de todos los centros que se sustentan por la Administración con fondos públicos del Estado, y por último destacable, es que los poderes públicos inspeccionarán y homologarán el SE para garantizar el cumplimiento de las leyes de la Educación.

- Ley Orgánica de Educación 2/2006 de 3 de mayo.

- Ley Orgánica para la Mejora y la Calidad Educativa 9/2013 de 9 de diciembre.

Y, respecto al ámbito de la Comunidad Valenciana, nombrar la siguiente legislación:

- Resolución de 25 de enero de 2018, del director general de Centros y Personal Docente, por la que se convoca concurso de méritos parea la selección y nombramiento de directores y directoras de centros docentes públicos de la Generalitat.

- Decreto 234/1997 de 2 de septiembre, del Gobierno Valenciano, por el que se aprueba el Reglamento Orgánico y Funcional (ROF) de los Institutos de educación secundaria. (En él aparece el cese, nombramiento,…del director, así como en la LOMCE).

- Decreto 51/2018 de 27 de abril, del Consell, por el que se modifica el Decreto 87/2015, por el que se establece el currículo y desarrolla la ordenación general de la educación secundaria obligatoria y del bachillerato en la Comunitat Valenciana.

- Resolución de 5 de junio de 2018, de la Conselleria de Educación, Investigación, Cultura y Deporte, por la cual se dictan instrucciones y orientaciones para actuar en la acogida del alumnado recién llegado, especialmente el desplazado, a los centros educativos de la Comunitat Valenciana.

- LEY 4/1983, de Uso y Enseñanza del Valenciano. (DOGV 1/12/1983).

- DECRETO 127/2012, de 3 de agosto, del Consell, por el que se regula el plurilingüismo en la enseñanza no universitaria en la Comunitat Valenciana. (DOGV nº 6834 – 06/08/2012)

- ORDEN 17/2013, de 15 de abril, de la Conselleria de Educación, Cultura y Deporte, por al que se regulan las titulaciones administrativas que facultan para la enseñanza en valenciano, del valenciano, y en lenguas extranjeras en las enseñanzas no universitarias en la Comunidad Valenciana. (DOCV 18/04/2013).

- ORDEN 88/2014, de 9 de diciembre, de la Conselleria de Educación, Cultura y Deporte, por la que se desarrolla el procedimiento de autorización del proyecto lingüístico de centro establecido en el Decreto 127/2012 de 3 de agosto.

- RESOLUCIÓN de 19 junio de 2012, de la Subdirección General de Personal Docente de la Conselleria de Educación, Formación y Empleo, por la que se convoca al profesorado de los niveles de enseñanza no universitaria para la acreditación en lenguas extranjeras para impartir áreas, ámbitos, materias o módulos no lingüísticos (DOCV 25/06/2013).

- RESOLUCIÓN de 25 de mayo de 2005, de la Dirección General de Enseñanza, por la cual se dan instrucciones para la tramitación de la exención de valenciano.

4.4. *Relación del trabajo con estudios anteriores. Visión histórica de los proyectos de dirección.*

La dirección educativa en los centros escolares hace años que se viene regulando por su importancia en los centros educativos, de llevar a cabo un buen proyecto en el que toda la comunidad educativa sea partícipe de ello. Según varios artículos, el inicio legal de la dirección escolar fue un momento histórico, en el que la escuela deja de ser un aula única con tan solo un profesor a cargo de todos los niños, para convertirse en un sistema más complejo, con varias clases y profesores. Por lo que su origen, se sitúa a finales del S.XIX, ya que la mayor parte de las escuelas públicas eran unitarias. Fue a partir del año 1896 cuando se da paso en nuestra sociedad al modelo de escuela graduada, en el que se puede apreciar una gran diferenciación de los alumnos por niveles académicos y por edades, aquí, cada profesor será el encargado de instruir a los alumnos. De esta manera, surge la figura institucional para darle competencias diferentes a las vistas en los docentes, ya que se necesita de un coordinador para estos profesores. La primera norma que hace referencia a lo nombrado, es en España el Real Decreto de 23 de septiembre de 1898, que regulaba el funcionamiento de las escuelas graduadas. En la enseñanza Secundaria, surge esta figura a mitad del S.XIX, ya que eran escasos los centros que impartían esta enseñanza. En 1918, surge la figura de los maestros como directores que alternaban su labor de docentes con los trabajos propios de la dirección, centrados en temas económicos y burocráticos. En 1947 se regula en España con claridad, la figura del directivo con sus cambios de acceso y las funciones a desarrollar por los mismos, que se modifico posteriormente con la ley de 1938 y con la de 1953. En 1967, se aprueba el Reglamento de centros estatales de EP, donde se sentaron las bases para el establecimiento de un Cuerpo Directivo en EP, regulando sus condiciones, funciones formas de acceso y desarrollo de las tareas a desempeñar en el centro.

Con la Ley General de Educación en 1974, se desarrolla una nueva regulación de la dirección, donde se reglamenta específica, entre el ejercicio de la función directiva.

En la Ley de Educación en 1980 LOECE, así como en la LODE, se constituyen las bases del actual modelo de dirección en España, teniendo en cuenta las los planteamientos recogidos en la Constitución Española de 1978, llegando a la ley de educación LOGSE, donde se han tenido en cuenta todo lo referido a la dirección en los centros.

Por lo tanto, es en la actualidad cuando en estos años, se ha pasado por las leyes de educación: LOE y LOMCE, donde están regulados todos los artículos   referentes a la dirección de los centros educativos en la actualidad.

5. El proyecto de dirección en general.

5.1.   ¿Qué entendemos por proyecto de dirección?

Para el desarrollo de esta investigación sobre el proyecto de dirección es necesario conocer algunos de los conceptos de proyecto de dirección tales como son: ¿qué es el proyecto de dirección? ¿Qué ámbitos abarca?, etc. Por lo que, como proyecto de dirección entendemos el planteamiento, organización, motivación y control de los recursos que se tiene como objetivo el alcanzar una serie de objetivos en un centro educativo a través de diversas actividades o programas elaborados para su consecución. También decir que, según la LOE, donde en su capítulo IV del título V, se contempla el marco para la dirección de los centros públicos, que en particular, establece los criterios básicos de selección del director o directora mediante un proceso en el que participen la comunidad educativa y la Administración educativa. Para que un proyecto de dirección cumpla los requisitos, se nombra en la resolución de 25 de enero de 2018, que ha de incluir, entre otros, los objetivos, las líneas de actuación y la evaluación del mismo, así como estar en posesión acreditativa de haber superado un curso de formación sobre el desarrollo de la función directiva.

Según la LOE, se prevé que un director y su nombramiento, tendrá una duración de 4 años, renovable por periodos de igual duración, siempre que la valoración del trabajo realizado sea positiva mediante criterios y procedimientos que habrán de ser públicos, así como que incluirán evaluaciones individualizadas tanto del proyecto de dirección como de la labor que ha ejercido su director.

La citada LOE, regula los aspectos esenciales del nombramiento y cese del resto de los miembros del equipo directivo de los centros educativos. Éstos deberán ser elegidos de entre el profesorado con destino en el centro y a propuesta de las direcciones correspondientes.

Será con la LOMCE donde la selección del director se establece que en más de un 50% de la comisión evaluadora serán representantes de la Administración Educativa. Aquí, se le atribuyen competencias que anteriormente con la LOE, las ejercía el Consejo Escolar como la de aprobar los documentos del centro. Por lo que podemos ver, es que deja más autonomía al director para que pueda ejercer sus funciones de manera adecuada, y profesionalmente en el centro con toda la Comunidad Educativa.

Decir, como nombra Rosales López, C., en su artículo sobre la Función Directiva: Hacia un Liderazgo Educativo, se reconocen como actividades de la dirección: la gestión y la organización que están orientadas a todo lo económico, administrativo, social y pedagógico, analizando la situación actual que vivimos en España respecto a todo lo que concierne a la educación, donde la pedagogía se presenta inmersa y afectada en ocasiones por la función directiva que no se orientan a las mejoras de la educación misma.

5.2. ¿Qué entendemos por educación inclusiva dentro de un proyecto de dirección?

En primer lugar, me gustaría nombrar qué es la inclusión en la educación según la UNESCO, que la define como que todos los alumnos presenten o no dificultades o diversidades, aprenden juntos en las diversas instituciones educativas en las que trabajamos como educadores, con un área de soportes apropiada. Es decir, la inclusión educativa se ve como un proceso de identificar y responder a la diversidad de las necesidades de todos los alumnos como he comentado, a través de la mayor participación en el aprendizaje, en las diferentes culturas y las comunidades, involucrando cambios y modificaciones en los contenidos, aproximaciones, estructuras y estrategias con la responsabilidad de educar a todos los alumnos de un centro. La inclusión se basa en que todos los alumnos son diferentes, y se basa en que deben ser los docentes, la escuela, en este caso el IES, los que tengan en cuenta su gran diversidad y den respuesta a sus necesidades, con el fin de que lleguen al máximo aprendizaje posible cada uno de ellos con el fin de llegar al aprendizaje exitoso en una educación de calidad para todos los alumnos, defendiendo la igualdad de oportunidades para todos. Sobre todo, la inclusión hace referencia a facilitar la participación de todos los alumnos vulnerables a la exclusión, a la exclusión social y a la marginación como tal. Por lo tanto, inclusión significa el posibilitar a todos los alumnos a que participen en la vida y en el trabajo dentro de las comunidades de aprendizaje de la educación, sin importarles sus necesidades, es decir, hay que ver la inclusión como un enfoque de la educación con un conjunto de técnicas educativas diferentes a las que hasta ahora se llevaban a cabo en los centros escolares, sin llegar a la inclusión como tal, y quedándose en el camino con la integración de los alumnos.

Por lo tanto, contestando a la pregunta qué entendemos por inclusión dentro de un proyecto de dirección, me gustaría nombrar que un proyecto de dirección ha de estar inmerso en la educación inclusiva y equitativa de la calidad, llevando a cabo acciones y actuaciones que sean sencillas, concretas, y fáciles de llevar a cabo que sean capaces de transformar y eliminar las barreras pedagógicas que permitan a todos los alumnos presenten o no diversidades, aprender juntos respetando la diversidad de los mismos, y como he comentado, haciendo mención y teniendo en cuenta la inclusión y la innovación en cada momento.

6. La importancia de un buen e inclusivo proyecto de dirección en un IES.

El por qué de la importancia de un buen e inclusivo proyecto de dirección, es debido a que éste ha de ayudar a todos los alumnos a liderar, a ser iguales respetando la atención a la diversidad de los mismos. Por lo tanto, un proyecto de dirección desde un enfoque inclusivo ha de condicionar el devenir del centro educativo, y de ahí su importancia en el mismo.

Por lo tanto, lo que voy a hacer en este proyecto directivo es llevarlo a cabo a través de un enfoque que se base en la educación inclusiva de todos los alumnos del centro, lo que significa, que se ha de implicar y modificar la estructura, el funcionamiento y la propuesta pedagógica del centro para dar respuestas a todas las necesidades que presenten los alumnos, de forma y con el objetivo de que todos tengan éxito en sus aprendizajes y que participen todos en la educación de sus compañeros como alumnos-tutor de los mismos.

Es muy importante antes de exponer un proyecto educativo basado en la inclusión, poder contar con un buen equipo directivo que sea líder y anticipe y tenga visión en la organización en la que se trabaja, desarrollando competencias para poder gestionar cambios y ser un modelo a seguir para otros centros, potenciando el aprendizaje y el desarrollo personal de toda la Comunidad Educativa, que es la influyente en todos y cada uno de nuestros alumnos.

7. Elaboración del Proyecto Directivo del IES Cañones del Júcar.

7.1. Definición y Características

Este proyecto que presento a continuación, decir que pasaré a describirlo como el desarrollo de un Proyecto de Dirección real en el que se quiere pasar de ser una Sección de IES a un IES propiamente dicho. El nombre que se ha elegido para este Proyecto de Dirección inmerso en la innovación educativa, ha sido el siguiente: "IES Cañones del Júcar" en el interior de la provincia de Valencia, en Jalance. Así pues, daré comienzo al mismo en el que describiré en primer lugar, cuáles son las características del mismo. Decir, que en este proyecto se ha trabajado mucho para poder presentarlo como se merece. Es un proyecto de trabajo de toda la Comunidad Educativa para que todos sean partícipes del mismo, y de impliquen en la consecución del mismo para poder llegar a tener nuestro IES en el pueblo en el que todos viven o trabajamos por y para nuestros alumnos.

Las características que van a definir este Proyecto de Dirección y Gestión de Centros Educativos son a grandes rasgos las siguientes:

- El proyecto es considerado como un instrumento de planificación y ordenación del desarrollo del centro educativo, en el que se destaca el proyecto en sí, junto a los diferentes proyectos que lleva consigo el mismo.

- Cada cuatro años, se debe presentar gente nueva que haga renovar la filosofía del centro, de sus docentes, y sobre todo, que esté motivada por el toda la consecución que se va a llevar a cabo del proyecto en sí.

- Se puede decir, que todo aquello que se pretende con este proyecto, es un compromiso por parte de todos los docentes en primer lugar, y en segundo lugar, por parte del resto de toda la Comunidad Educativa, entendiendo a esta como a los alumnos, familias-tutores legales de los mismos, servicios externos al IES, profesorado, etc. Ya que los primeros que han de velar por el desarrollo y consecución de dicho proyecto de dirección ha de ser el profesorado del centro. Esta es una tarea muy importante a realizar por parte del director, y de hacer partícipes en todos y cada momento de la elaboración del mismo, para que sientan que éste también es parte de ellos, y velen por su desarrollo en el centro, ya que si lo sienten como parte de ellos en un primer momento, éste saldrá como se espera.

- Se deben ir mejorando las estrategias de aprendizaje, y llevar a cabo las mejoras de propuesta que se planteen a lo largo del surgimiento del mismo.

7.2. Fundamento del proyecto y metodología a seguir

Lo que se pretende con este proyecto es conseguir un IES propio, y dejar de ser Sección, ya que las características que se necesitan para ello las tenemos. Tras mucho pensar y divagar con los diferentes Ayuntamientos de la zona y las reuniones del Consejo Escolar, que son desde donde nuestros alumnos asisten al IES, se ha decidido ponerle el nombre de "IES Cañones del Júcar", que será el proyecto que a continuación presento como investigación de la zona, para darle forma a este TFM.

Por lo tanto, en primer lugar, decir que el IES es un centro educativo rural que da la oportunidad de albergar a todo el alumnado de la zona, y que pretende explicar la organización del mismo, la coordinación de los distintos planes y el papel de cada estamento de la Comunidad Educativa, tras una profunda reflexión y estudio de las características del centro, y de su contexto. Según la legislación vigente, todo aquél que se quiera presentar para pertenecer al Equipo Directivo, partirá según la resolución de presentación de proyectos de dirección en Conselleria que sale todos los años, "partirá del análisis previo de las necesidades específicas del alumnado y de todo el centro educativo, para tomar conciencia de a lo que se expone su proyecto, y con los valores inmersos en la inclusión educativa y respetando el principio de la no discriminación".

Respecto a la Metodología a seguir, me gustaría destacar que se va a llevar a cabo en el centro educativo según este proyecto de dirección, decir que se debe asumir una metodología ecléctica y de inclusión tanto de los diversos modos de concebir la dirección de un centro educativo, como de las diversas formas de organizar en la vida diaria el trabajo de dirección. Será a través de la descentralización de tareas, es decir, la persona que dirige, en este caso, el director de centro junto a su Equipo Directivo, es o son las que marcan la dirección de hacia dónde queremos ir o llegar, y el resto de docentes, serán los que remen en esa dirección, ya que es la única manera de que un proyecto de dirección salga adelante, haciendo partícipes a todos y cada uno de los docentes. Uno de los problemas más comunes en los centros educativos es que siempre hay alguien que no rema en la misma dirección, pero...esta persona al final acaba subiendo al barco para que este no se hunda, y llegue a su destino.

Desde el Equipo Directivo trabajamos en la línea de cuatro ideas importantes que nos ayudarán a alcanzar nuestros objetivos marcados en este proyecto directivo. Tener en cuenta, que estas se van a definir como unas líneas de trabajo y de actuación encargadas a los docentes, y nosotros como Equipo Directivo, seremos los que las supervisemos y evaluemos para comprobar los objetivos y los logros intermedios adecuados para su consecución. Por lo tanto, la primera idea que se va a llevar a cabo es la Descentralización de tareas en los docentes:
Nombramiento de los Coordinadores de los diferentes programas que se van a llevar a cabo en el centro, como: TIC, PADIE, Biblioteca, Xarxa de llibres, formación del profesorado, etc. (Esto se llevará a cabo proporcionando a los docentes que serán los encargados una carpeta de bienvenida que contendrá: hoja de la temporalización con sus tareas a lo largo del curso escolar, realización de reuniones con firma de acta en la que se exponga el funcionamiento del desarrollo de sus tareas. En estas reuniones, se podrán tratar temas como: qué tal va la coordinación, si ha surgido algún problema o duda, si se necesita ayuda o no, y sobre todo al final de curso, preguntar con un cuestionario sencillo, si la coordinación se puede mejorar, y de qué manera).

Respecto a la segunda idea que se va a llevar a cabo, es la idea de la Supervisión recíproca, en la que controlamos como Equipo Directivo y a la vez informamos, dado que convivimos el mismo cielo, las distintas coordinaciones, comisiones, etc. Con esto me refiero a que todo ello no son entes aislados que funcionan independientemente, sino que lo hacen de manera coordinada fomentando el intercambio de tareas, su no duplicidad o de responsabilidades y la realización de tareas en grupo. Por lo que, es conveniente conectar a toda la Comunidad Educativa con un ente conocedor de todas las facetas del centro educativo, que en este caso, será el Director junto a su Equipo Directivo.

Como tercera idea importante del proyecto directivo, será el papel tan importante que tiene la Coordinación de todos los docentes en el centro educativo.

Y, como cuarta y última idea principal y no por ello ser la menos importante, mencionar la implicación de los docentes, que a grandes rasgos, decir que un proyecto de dirección ha de, como he nombrado anteriormente, favorecer el sentimiento de pertenencia y de utilidad de todo el Equipo Docente, haciéndoles partícipes directos del proyecto, ya que si una persona se siente importante, hace lo imposible porque no tenga repercusiones negativas, sino positivas sobre los demás compañeros y sobre todo, de la educación de los alumnos, que es por lo que debemos velar como docentes que somos, por su bienestar y su aprendizaje, y que este sea lo más favorecedor e inclusivo posible. Por lo que, la implicación, se verá reflejada en cada uno de los mismos, y de sus tareas que le hacen copartícipes de este proyecto presentado.

Las características que tendrá en Equipo Directivo sobre la metodología utilizada y llevada a cabo en el proyecto, decir que será una metodología: Centrada en la prevención.

Integrada en el currículo y en la legislación vigente en educación sobre los centros educativos y sus actuaciones.

De carácter sistémico y colaborativo entre toda la Comunidad Educativa, pero en especial, con los docentes que se hará que sean partícipes de este proyecto, para remar todos en la misma dirección en la educación de nuestros alumnos.

Al servicio de la atención a la diversidad.

De tipo constructivista e inclusiva.

Basada en la intervención mediante programas que se llevarán a cabo en el centro educativo.

Basada en la intervención individualizada tanto de los alumnos como del resto de la Comunidad Educativa.

Basada en el asesoramiento al profesorado y a la organización escolar.

Basada en las TIC.

Por lo tanto, el trabajo del Equipo Directivo es una responsabilidad compartida, un trabajo en equipo que implica a toda la Comunidad Educativa, y nuestra tarea es de conexión entre todos ellos buscando ante todo, el desarrollo integral del centro educativo.

Respecto a los materiales a utilizar y las técnicas más utilizadas serán:

Las evaluaciones y autoevaluaciones a través de cuestionarios.

Observación con registros de actas, autoinformes, registros acumulativos, etc.

Entrevistas.

Dinámicas de grupo (sobre todo con los docentes para velar por el compañerismo y técnicas de relación entre los mismos).

Programas a llevar a cabo sobre: PADIE, PAT, Plan de Convivencia, etc.

7.3.   Conocimiento del centro y de su entorno

Con este proyecto de dirección, nuestra Sección pasa a llamarse: "IES Cañones del Júcar" por unanimidad a la hora de elegir el nombre entre docentes y Ayuntamientos de la zona. Queríamos algo característico que nos describiese a todos, y que todos nos sintiéramos con este nombre arropados. Decir, que el futuro IES es un centro ubicado en el municipio de Jalance, localidad sita en la comarca del Valle de Ayora y de predominio lingüístico el castellano. "El Valle de Ayora", limita con la provincia de Albacete, Castilla-La Mancha. Está asentada en la cabecera de una llanura a 552 metros de altitud. Su término municipal, es atravesado por las aguas del río Júcar, de ahí, el nombre para este IES.

La orografía y la situación interior de la población, hace que el clima en la zona sea bastante frío en invierno y cálido en verano, pudiendo llegar a darse la situación de cierre del centro por nevadas intensas (excepcionalmente, no todos los años). En general, la zona tiene una densidad muy baja de población, por lo que al centro acuden alumnas y alumnos de todo el Valle, atendiendo desde este curso escolar 2017-2018 a las poblaciones de: Jalance, Cofrentes, Jarafuel, Zarra y Teresa de Cofrentes (estas dos últimas, siempre habían pertenecido a Ayora). Los datos demográficos se incluyen en las siguientes tablas:

(Fuente: Conselleria de Educación. Guía de centros docentes. Portal de información ARGOS).

Actualmente en el IES se imparten las siguientes enseñanzas, contando con 5 unidades: 4 unidades con los grupos de 1º a 4º ESO, y una unidad, con el primer 1º de Bachillerato en este IES, todavía como Sección.

El perfil más habitual de los habitantes de esta zona es un perfil de una persona de origen español, y normalmente con antepasados que vivían en la zona con ingresos económicos medios o bajos, de religión católica (aunque no practicante), de habla castellana. Hay muy pocos inmigrantes. La característica más destacada de la Comarca donde se ubica el centro se puede decir que es su baja densidad de población, propia de zonas muy alejadas de influencias urbanas. Además, en la Comarca existe un grave problema de envejecimiento de sus habitantes, en gran parte debido a la necesidad que tienen los jóvenes de emigrar por motivos académicos o laborales de allí, ya que no hay muchas salidas.

Respecto al factor económico y cultural del contexto familiar del alumnado de la zona, es que se incide de forma manifiesta en aspectos sociales pero también en los educativos. Queriendo decir, que la situación social económica y cultural de las familias-tutores legales y la composición social del centro al que asiste el alumnado tienen una clara incidencia sobre los logros escolares. En ocasiones, se puede considerar como más importante, que la atribuida al currículo escolar. Como he nombrado, la mayoría de las familias-tutores legales tienen un nivel económico y sociocultural medio-bajo. Como consecuencia parte del alumnado que llega a nuestro centro educativo careciendo de motivación y falta de interés que en muchas ocasiones deriva en un preocupante "fracaso escolar", y estos alumnos cuando cumplen la edad de 16 años de edad, muchos de ellos se dedican a la agricultura, porque hoy en día, sin tener estudios de Formación Profesional de ninguna clase, no los cogen ni el Central Nuclear. Por ello, es otra de las causas por la que queremos que se lleve a cabo en nuestro centro un ciclo de grado medio relacionado con este sector. Esta es la realidad social que tenemos en esta Comarca, siendo uno de los factores que más influye en la redacción de este proyecto, y por lo que se ha decidido llevar a cabo un proyecto de dirección en el que se tuviera un IES en el centro con diferentes oportunidades de estudio como son este curso escolar el Bachillerato, y como se pretende en cursos posteriores, como he comentado, que se dé la incorporación de uno o dos ciclos de grado medio que den salida a trabajos de la zona como son los relacionados con la Atención Sociosanitaria, y algo relacionado con trabajos de la Central Nuclear que se encuentra a tan solo 8km del IES de Jalance, ya que, tenemos que velar por la inclusión de nuestros alumnos, y si no les damos oportunidades de salidas, los estamos excluyendo, y no incluyendo como se nombra en el Decreto de Inclusión de nuestra Comunidad. (lo nombro, porque en septiembre cuando presente el TFM, se supone que habrá salido ya)

Respecto a las características del alumnado, me gustaría comentar que el total de alumnos matriculados en el curso escolar 2017-2018, es de

79 alumnos y alumnas, repartidos como he nombrado anteriormente, en 5 unidades que son las representadas a continuación:

GRUPO	ALUMNADO
1º ESO	22
2º ESO	17
3º ESO	19
4º ESO	13
TOTAL ESO	71
BACHILLERATO	8
TOTAL CENTRO	79

En el Curso 2017-2018 el IES cuenta con 14 alumnos que presentan necesidades específicas de apoyo educativo clasificados de la siguiente manera: 2 alumnos con TDAH, 2 alumnos trastornos de la lectura y la escritura, 1 alumno con tea NIVEL 1 y 9 alumnos que presentan dificultades de aprendizaje. Para el curso escolar próximo, se prevé que tengamos un porcentaje más alto de alumnado, ya que van a entrar un total de unos 36 alumnos en 1º ESO, más los repetidores de este curso escolar.

El servicio que tenemos del Departamento de Orientación junto con el Equipo Directivo es muy eficaz en el centro, y respeto a las familias-tutores legales, decir que son los que les orientan y/o asesoran, así como al alumnado, mínimo una vez al trimestre (según programación del DO de la Orientadora Educativa) y siempre que es necesario y/o si la familia-tutores legales lo solicitan por escrito.

Respecto al análisis de la convivencia, decir que en general el alumnado del centro no presenta graves problemas de conducta. La colaboración familia/tutores legales–escuela es muy cercana, confían en el trabajo docente y suelen responder adecuadamente ante situaciones conflictivas que se presenten. En el centro existen problemas de convivencia propios de la relación entre nuestros alumnos, unido a las TIC (a través de Twitter, Facebook, Instagram,...) y a la condición de ser vecinos de localidades pequeñas. Los problemas más graves de conducta, aunque son pocos, se concentran en los primeros cursos de la ESO y por ello es indispensable la labor que desempeñan los tutores en coordinación con el Equipo Directivo y el Departamento de Orientación, haciendo a los alumnos de 3º y 4º ESO que lleven a cabo funciones de alumnos-mediadores, dentro de uno de los programas que se presenta en este proyecto de dirección, como muy importante dentro del mismo, para que nuestros alumnos se lleven lo mejor posible y no caigan en el error de llegar a que les pongan partes o incluso se llegue a la expulsión.

La ratio de las aulas es muy reducida, por lo que es uno de los atrayentes para que las familias-tutores legales de estos alumnos prefieran asistir a este IES que al más cercano, que en este caso sería el de Ayora. De hecho, hay varios alumnos que no son ni beneficiarios ni autorizados en el transporte escolar, y son sus familiares los que los traen y recogen cada día solo por el hecho de querer que estudien en Jalance en nuestro IES.

Una de las grandes ventajas que tenemos en nuestro centro al ser un centro pequeño, es que la comunicación con las familias-tutores legales es fluida y que el Claustro de profesores conoce a todo el alumnado del centro. Se habla y escucha con asiduidad, lo que reduce mucho la situaciones conflictivas que se vayan a dar en el mismo, pero también esta condición de cercanía permite que se pueda intervenir ante cualquier conflicto que ocurra en un espacio muy breve de tiempo, ofreciendo un seguimiento muy individualizado del alumnado en cualquier momento.

Ante posibles situaciones de acoso escolar se sigue un protocolo que fue elaborado en conjunto por el Departamento de Orientación, la Coordinadora de Secundaria y la dirección del Centro. En él se establecen cada uno de los pasos a seguir, dónde y quién realiza las entrevistas oportunas y quién y cómo se informa a las familias-tutores legales de los alumnos implicados.

Respecto al proyecto lingüístico, decir que la comarca, al ser una zona castellano-parlante y nadie del centro habla valenciano de una forma más o menos habitual, decir que con este proyecto se pretende favorecer el uso de la lengua valenciana en la zona, empezando en el centro a: realizar las convocatorias y reuniones con las familias-tutores legales, profesorado y alumnado en las dos lenguas oficiales (castellano y valenciano), realizar carteles para el centro en ambas lenguas, promover la lengua cooficial a través del día de la Comunidad o de cualquier día internacional a través de teatros de los alumnos, o de realización de carteles en valenciano, photocall en valenciano, etc.
Por otro lado, la mayor parte del profesorado, no definitivo, es valenciano-hablante. Por lo tanto, el alumnado del centro entiende que la comunicación en el centro es también la lengua del valenciano, ya que se usa en muchas otras actividades del centro.

Respecto a los espacios del centro, decir que las instalaciones del centro son modernas, puesto que el edificio se construyó en los 2000. Todas las aulas están dotadas de ordenador con acceso a internet, cañón proyector y altavoces, el laboratorio, la sala de música, tecnología, y la sala de plástica, están dotadas de numerosos materiales de uso para nuestros alumnos.

Respecto al personal del centro, en el momento somos 18 profesores más un maestro de Pedagogía Terapéutica, y una maestra de Audición y Lenguaje. Haciendo el Director y la Jefa de Estudios funciones ambos, de

Secretaría. Por lo que se pretende que una de las mejoras con este proyecto serán el que haya una figura de secretaría del centro, perteneciente al Equipo Directivo. Así como se pretende dar al profesorado al principio de curso un buen recibimiento de acogida, para que éste quiera volver a nuestro centro, y formemos una plantilla que no sea nueva cada año, es decir, una plantilla que se comprometa a estar en nuestro centro, participando en la educación continua del alumnado que allí se alberga. Así como se destaca, la participación por una parte del profesorado en actividades extraescolares que preparan con mucho entusiasmo al principio de curso para nuestros alumnos en cada una de sus materias, y por otra parte, se destaca la participación y el compromiso que tienen con el Plan Éxit con los alumnos que lo necesiten. Otra de las cosas a destacar y que nos gustaría mantener en este IES, es la realización de los exámenes de las materias instrumentales por las tardes, para que a los alumnos les dé el tiempo suficiente para realizarlos, y sobre todo, porque los alumnos lo demandan, y es uno de los objetivos que se nos ha propuesto como nuevo Equipo Directivo, el seguimiento de esta práctica. También hay que mencionar que esto también se puede llevar a cabo, porque los profesores suelen quedarse a vivir entre semana en Jalance, y es una manera de incentivar y tener a los alumnos más motivados en sus clases. De hecho, se ha visto que da muy buenos resultados académicos.

Respecto al personal de administración y servicios, decir que se va a mejorar la labor que desempeñan, ya que es indispensable en el Centro, e imprescindible su buen funcionamiento para que el día a día de nuestro centro funcione correctamente en todos sus quehaceres. Actualmente, el centro cuenta con una Auxiliar Administrativo, y con un Conserje, ambos sin plaza definitiva.

Respecto al AMPA, decir que sus miembros están involucrados en el Consejo Escolar y en todas las comisiones delegadas del mismo:

convivencia, economía, actividades culturales, tutoría y orientación desde que estamos como Equipo de Dirección en funciones. Por lo que, hay que aprovechar este enganche con ellos, para que la relación sea estrecha y de constante comunicación entre toda la Comunidad Educativa. Se van a favorecer las planificaciones de las actividades extraescolares que se ofertan dentro de esta, así como la coordinación con el Departamento de Actividades Extraescolares y del Departamento de Orientación del IES a través de charlas de interés para padres o alumnado preocupados por ciertos temas. Desde este proyecto se propone que la coordinación se lleve a cabo de manera satisfactoria y que cada vez los padres estén más implicados en la Asociación velando por el bienestar de sus hijos.

Respecto a los programas que se establecen dentro de este proyecto de centro, decir que desde el Equipo Directivo se van a proponer los siguientes, ya que es una de las carencias que se han visto en el IES hasta la actualidad:

PAM (Plan de Actuación para la Mejora) en el que se demandan para nuestro centro las siguientes actuaciones dentro del mismo:

a) Programa de Acompañamiento Escolar: que pretende mejorar las perspectivas de éxito escolar de los alumnos de 1º y 2º de la ESO con dificultades de aprendizaje proporcionando instrumentos que mejoren la organización del trabajo escolar y las competencias básicas en el estudio. Se realiza fuera del horario escolar.

b) Programa de Mediación Escolar: que es una estrategia más de la mejora de la convivencia y de fortalecimiento de las relaciones entre el alumnado. Permite abordar la resolución de conflictos como estrategia preventiva y provee mecanismos para abordar los conflictos de un modo cooperativo, previniendo su escalada hacia manifestaciones de violencia. Al inicio del curso, desde las tutorías, se hace difusión del programa y se realiza la captación voluntaria de los alumnos que quieran ser mediadores. El profesor encargado de la formación de mediadores instruye a dichos alumnos para que puedan desarrollar sus funciones adecuadamente dentro del IES.

c) Programa de Dinamización de Patios: que tiene como objetivo mejorar la convivencia, la inclusión educativa de los alumnos con nee (necesidades educativas especiales), mejorar la organización de los patios manteniendo la libertad y autonomía del alumnado, y dotar de más recursos de ocio, aprendizaje y entretenimiento al alumnado. Por una parte, en el gimnasio se llevan a cabo actividades como el campeonato de ping-pong, o los campeonatos de fútbol organizado por alumnos bajo la supervisión de la profesora de Educación Física. Por otra parte, en el aula de tecnología, se puede participar en diferentes juegos de mesa educativos, generalmente de partidas rápidas, junto con el profesorado implicado en este programa. Esta actividad, que lleva realizándose desde hace 5 años, ha conseguido enganchar a un grupo importante de alumnos hasta el punto de que gracias a la implicación del AMPA y de los Ayuntamientos de la zona, se están realizando torneos de juegos de mesa algunos fines de semana.

d) Biblioteca tutorizada: La biblioteca permanece abierta todos los días a la semana durante el tiempo de recreo como forma de extensión del tiempo de aprendizaje. Los alumnos realizan actividades acompañados por un profesor. Las actividades que se realizan son de carácter instrumental y de apoyo a las tareas escolares, apoyando el aprendizaje especialmente de los alumnos con más necesidades. El profesor responsable de la biblioteca se encarga de gestionar la biblioteca, pedir a dirección las lecturas demandadas por los alumnos y de promover actividades de ocio y cultura a la hora del patio. Otras de las actividades que se proponen en este proyecto directivo desde espacio de la biblioteca son las siguientes:

El día del libro, hacer un mercadillo solidario de trueque entre todos los alumnos y profesores del IES, con la participación del AMPA, que son los encargados de traer chocolate al centro ese día, y hacer una convivencia entre todos, teniendo por medio a nuestros amigos los libros.

Y, otra de las actividades que ya se empezaron el curso pasado desde la biblioteca, es el impulsar tanto la lectura como la escritura a través de canciones de rap, monólogos escritos por los alumnos, etc. que se llevarán a cabo sus exposiciones en la salida que hacemos una vez al año en primavera, al cañón que está situado a 1km del pueblo. Allí, montamos al aire libre un escenario, en el que los alumnos que quieren participar, van subiendo de uno en uno a exponer lo que han compuesto para ese día, siempre con supervisión de los responsables de la biblioteca, que suelen ser los del departamento de lenguas.

e) Programa Lector: El objetivo general de este programa es dotar a los alumnos de unas buenas estrategias de aprendizaje (comprensión y expresión) para que sepan qué y cómo hacer cuando quieren aprender de forma experta y eficaz, es decir, de forma comprensiva, significativa y profunda. Se pretende que los alumnos adquieran unas buenas estrategias de aprendizaje. Partiendo de la comprensión como primer paso de un buen aprendizaje, se van desarrollando tras capacidades cognitivas y metacognitivas básicas que les permiten a los alumnos la construcción de aprendizajes significativos y aprender a aprender. El alumnado de 1º y 2º de la ESO, realiza unas pruebas estandarizadas de comprensión lectora a principios de curso, y en base a los resultados obtenidos, los tutores, la orientadora educativa, y el departamento de lenguas determinan qué alumnos son los que deben de asistir a este programa un día a la semana, después del horario lectivo con la correspondiente conformidad de las familias-tutores legales. Una vez vaya a acabar el curso, se expondrán los trabajos realizados en este programa por los alumnos asistentes.

f) Como proyectos del centro: se ha visto la necesidad en el IES, y sobre todo en este proyecto de dirección, de, por una parte: iniciar trabajos interdisciplinares horizontales entre las distintas materias de un mismo curso (Tecnología, Geografía e Historia y Matemáticas) con la finalidad de abordar de una manera más global contenidos que se planteaban desde el área de Geografía e Historia. El resultado de estas experiencias se prevé satisfactorio y por eso se ha decidido empezar esta experiencia sólo con los cursos de 1º y 2º de la ESO. Uno de los objetivos fundamentales de este proyecto continuado es que nuestros alumnos adquirieran los conocimientos esenciales sobre la geografía y Ciencias Naturales, particularmente la de nuestra comarca., y desarrollen destrezas específicas incorporando actitudes y valores relativos al conocimiento y cuidado del medio en el que vivimos. Y, por otra parte, de iniciar un proyecto que ha sido premeditado por el Equipo Directivo y Docente para incluirlo en éste, que es sobre trabajar algunas materias en 1º y 2º ESO con una metodología basada en los proyectos y divididas por ámbitos. Con ello se pretende llegar a la inclusión de nuestros alumnos en y con el IES.

g) PAF (Plan Anual de Formación): va dirigido al profesorado, y se cree conveniente darle la importancia que merece dentro de este apartado, ya que la base de un IES somos los profesores y nuestra formación. Por lo que, si estamos formados, nuestro centro y por ende, nuestros alumnos también.

7.4. Objetivos del Proyecto de Dirección

Respecto a los objetivos generales que se persiguen dentro de este proyecto de dirección expuesto, y tras el análisis del contexto de la zona y del propio IES, decir que se organizan en tres ámbitos que son:

En primer lugar, desde el Ámbito Académico e Institucional decir que se pretende llegar a los siguientes:

Reducir el porcentaje de abandono y sobre todo, de fracaso escolar entre nuestros alumnos.

Evaluar todos los procesos y los programas del centro para incorporar mejoras y aumentar la eficiencia.

Incentivar toda la coordinación entre los docentes.

Repartir las tareas y los cargos intermedios, sobre todo para crear Claustros que sean lo más participativos posible.

Repartir tareas y actuaciones para el personal no docente de nuestro centro

Fomentar la formación del profesorado a través del Plan Anual de Formación para el Profesorado.

Potenciar las lenguas que conviven en nuestra Comunidad, refiriéndome tanto a la cooficial como a la extranjera, y ofrecer a todo el alumnado el contacto con otras culturas y realidades de su entorno.

Mejorar y promover acciones para la buena convivencia en todos los niveles, siempre apoyándonos en el PADIE del centro.

Ampliar y variar el conjunto de actividades extraescolares con el cambio que se ha producido de la incorporación y participación del AMPA en el centro.

Incentivar la participación de todo el alumnado en todas las actividades que se lleven a cabo en el centro.

Potenciar las TICs en toda la Comunidad Educativa: alumnado, familias/tutores legales, profesorado, y resto de la sociedad.

Hacer una evaluación y diseño de la atención a la diversidad que se adapte a las necesidades de nuestro alumnado, porque somos un Equipo Directivo joven y que velamos por la inclusión educativa en el IES, haciendo partícipes a toda la Comunidad Educativa, en especial, a las familias/tutores legales de nuestros alumnos.

Continuar mejorando la imagen del centro mediante la difusión de la actividad académica y extraescolar.

Crear la figura de un profesor responsable de los alumnos con asignaturas pendientes.

Ampliar el PAM.

Seguir trabajando en la inmersión lingüística, puesto que nuestra zona es castellano-parlante.

En segundo lugar, desde el Ámbito de Organización y Gestión:

Conseguir una buena coordinación del equipo directivo.

Optimizar los recursos e infraestructuras del centro.

Elaborar un protocolo de acogida del nuevo profesorado, ya que todos los cursos escolares somos profesorado nuevo. Se pretende que se queden y hagan de su trabajo con nuestros alumnos un continuo.

Mejorar el buen funcionamiento de la Comisión de Coordinación Pedagógica.

Actualizar del Plan de Convivencia en el centro.

Actualizar el Plan de Atención a la Diversidad e Inclusión Educativa, PADIE.

Revisar el Reglamento de Régimen Interno (RRI).

Actualizar del Proyecto Educativo de Centro en colaboración con toda la comunidad educativa del centro.

Renovar el Plan de Acción Tutorial (PAT).

Y, en tercer lugar, desde el Ámbito de Participación de la Comunidad Educativa:

Organizar varias Jornadas de Acogida tanto a los padres y madres de los alumnos, como al profesorado nuevo al principio de curso.

Favorecer la participación de las familias/tutores legales y de la Asociación de Madres y Padres de los Alumnos (AMPA).

Potenciar el uso de la WEBFAMILIA como instrumento de comunicación con las familias/tutores legales.

Mejorar la WEB del centro y ampliar su uso a toda la comunidad educativa, así como la actualización del Canal Youtube creado por la Orientadora Educativa del IES.

Elaborar un plan de control del transporte escolar, para que no haya problemas con los alumnos que asisten al IES, ya que en años anteriores ha habido problemas de convivencia en los trayectos.

7.5. Líneas de Actuación según los objetivos planteados

Para cada unos de estos objetivos, especificaremos qué actuaciones seguiremos para poder lograrlos junto con el calendario de aplicación, que serán los años de mandato como Equipo Directivo en el IES. Así, podemos destacar las siguientes:

Respecto al Ámbito Académico e Institucional nombrar:

a) Reducir el porcentaje de abandono escolar:
Trabajar específicamente el control de asistencias en las reuniones semanales de tutores.

A lo largo de cada trimestre, coordinándose con las familias-tutores legales, hacer actuaciones individualizadas en aquellos alumnos en los que se detecte un problema evidente de fracaso escolar y haya un interés por la continuidad de sus estudios. Estas actuaciones quedarán registradas mediante contrato de compromiso familia-alumno.

Reuniones con la administración para presentarle la idoneidad del Centro para aumentar la oferta de enseñanzas postobligatorias.

Consolidar el curso escolar próximo tanto el 2º de Bachillerato, como uno o dos Ciclos de Formación Profesional de Grado Medio, ya que en esta zona la mayoría de alumnado en cuanto acaba la enseñanza obligatoria, se va o bien a Ayora o bien a Albacete a seguir sus estudios por la rama profesional. Muy pocos acaban en el Bachillerato.

b) Evaluar los procesos y programas del centro para incorporar mejoras y aumentar la eficiencia:

Inclusión en los planes de trabajo de los distintos órganos, comisiones y equipos la evaluación y la valoración de los procesos.

c) Incentivar la coordinación docente:

Establecer reuniones periódicas de equipos docentes estableciendo en el horario general del profesorado una hora de reunión fija fuera del horario lectivo. De esta manera en cada grupo se podrá hacer un seguimiento del proceso educativo, además de establecer actuaciones a medio y largo plazo.

d) Repartir tareas y cargos intermedios como en los Claustros participativos:

Modelo de gestión democrática y descentralizada.

La organización del centro tiene que tener la suficiente agilidad como para poder delegar responsabilidades en comisiones de trabajo del profesorado con actividades concretas.

Esquema público al Claustro, claro y conciso del reparto de tareas y responsabilidades.

e) Repartir tareas y actuaciones para el personal no docente:

Secretaría establecerá el reparto de tareas en conserjería y en secretaría dejando establecido cuáles son las competencias de cada uno de acuerdo a la normativa.

f) Fomentar la formación del profesorado:

Planificar una formación del profesorado ligada a las tareas y mejoras necesarias en el centro.

g) Potenciar las lenguas: cooficial y extranjera, así como ofrecer al alumnado contacto con otras culturas y realidades:

Ampliar el proyecto lingüístico actual a un proyecto plurilingüe

Fomentar en el profesorado la formación en lenguas extranjeras

-Intentar participar en cualquier iniciativa que al respecto sea propuesta por la administración educativa

Facilitar el intercambio de alumnado a otros países, así como de la visita de alumnado extranjero a nuestro municipio.

h) Mejorar y promover acciones para la buena convivencia a todos los niveles. (Curso 2017-2018)

Planificar, puntualmente, jornadas de ocio y cultura para el fin de semana donde familias-tutores legales y alumnado, puedan participar.

Poner en marcha un programa de Ayuda entre Iguales dentro del IES.

i) Ampliar y variar el conjunto de actividades extraescolares:

El informe elaborado por el coordinador de extraescolares donde aparecerán desglosadas las actividades extraescolares realizadas por nivel además de una breve valoración, servirá para el inicio del siguiente a la hora de hacer una oferta más amplia y variada

Planificación de actividades extraescolares que permitan la relación de todos en otros contextos.

j) Incentivar la participación del alumnado en la vida del centro:

Constitución de una Asamblea de alumnos constituida por los delegados de todos los grupos del centro, y coordinada por el jefe de estudios. Sus principales objetivos serán:

Participar en la elaboración de actividades del centro.

Será canal de comunicación entre los representantes del Consejo Escolar y el alumnado.

Será canal de comunicación entre el equipo directivo y el alumnado.

Elaborar propuestas de mejora para cualquiera de los planes aprobados en el centro.

k) Potenciar las TICs:

Mejorar los recursos TICs del Centro: comprar tablets por departamento para utilizarlas como material de apoyo para el alumnado.

Alentar al profesorado al uso de la plataforma Moodle o a la creación de sus propios blogs.

Compartir experiencias de aula que están funcionando y mejoran la calidad del proceso enseñanza-aprendizaje.

l) Hacer una evaluación y diseño de la atención a la diversidad más adaptada a las necesidades de nuestro alumnado:

Potenciar el funcionamiento de órgano de coordinación (1 hora semanal) formado por jefe de estudios, orientadora educativa y coordinadora de secundaria.

El departamento de orientación junto con el maestro de PT del centro seguirán un plan de trabajo quincenal para cada uno de los alumnos que presenten NEAE.

m) Continuar mejorando la imagen del centro mediante la difusión de la actividad académica y docente:

Hacer una revista digital elaborada por alumnos y bajo la supervisión del profesorado responsable del proyecto.

Seguir mejorando la página Web para que sea un instrumento válido, así como el Canal de Youtube de la orientadora educativa, en el que a través del mismo, informa, asesora y orienta a las familias-tutores legales, profesorado, así como al alumnado, sin necesidad de pedir cita.

n) Crear la figura de un profesor responsable de los alumnos con asignaturas pendientes:

El coordinador de secundaria será el responsable de las siguientes actuaciones:

En el primer mes de curso convocar a los alumnos con asignaturas pendientes.

Entregarles una hoja informándoles de qué asignaturas llevan pendientes para que sean entregadas y firmadas por su padre, madre o tutor legal.

Informarles de cómo deben proceder cuando se tiene una asignatura pendiente.

Cada alumno entregará al profesor responsable una copia firmada por el padre, madre o tutor, de un informe donde especificarán qué deben hacer para poder aprobar cada asignatura pendiente.

ñ) Ampliar el PAM:

Seguir con las mismas actuaciones que hasta ahora porque han dados resultados positivos y ampliarlo con otras actuaciones:

Mediación y Ayuda entre Iguales.

Ampliar los días del Plan Lector

o) Seguir trabajando en la inmersión lingüística:

Coordinar los Encuentros de Escuelas de la Comarca, y potenciar nuestra lengua cooficial, el valenciano.

Participación del alumnado en la elaboración de carteles, teatros,…en el IES.

Hacer bilingüe la página web del centro, así como las convocatorias al Claustro o a la Comisión de Coordinación Pedagógica.

Respecto al Ámbito de Organización y Gestión:

a) Conseguir una buena coordinación del equipo directivo:

Consideramos fundamental que todos los miembros del equipo directivo sean capaces de gestionar los principales procesos del centro, de manera que siempre se pueda atender cualquier necesidad, independientemente de la disponibilidad o no de cada uno.

Se fijará en el horario una reunión por semana para organizar los eventos de la semana y un seguimiento de las incidencias. En este momento también se marcarán las líneas comunes de trabajo, de forma que las disensiones posibles entre los miembros del equipo se resuelvan en beneficio del funcionamiento del centro.

b) Optimizar los recursos e infraestructuras del centro:
Presentar al claustro proyectos varios y mencionados en este proyecto de dirección.
Adecuación de la sala de Usos Múltiples para que pueda tener un doble objetivo, por un lado el de aula ordinaria y por otro como salón de actos.

c) Elaborar un protocolo de   acogida del nuevo profesorado:
Protocolo elaborado por el director, el jefe de estudios y la coordinadora de secundaria.
Se elaborará un dossier con toda la información más relevante (instalaciones del Centro, normas de convivencia, normas de funcionamiento, proyectos de formación, solicitudes de cómo pedir un informe psicopedagógico,...).

d) Mejorar el buen funcionamiento de la Comisión de Coordinación Pedagógica:
A los miembros de la Comisión de Coordinación Pedagógica se les convocará con 48 horas de antelación, y con una orden del día. Previa comunicación, los departamentos podrán incluir puntos en el orden del día.

e) Actualizar el Plan de Convivencia, así como el PADIE:
La dirección en coordinación con el departamento de orientación establecer protocolos de actuación específicos. Evaluarlos y actualizarlos a final del curso escolar.

f) Revisar el RRI:

A final de curso evaluación del RRI por parte del Claustro y el Consejo Escolar y emitir un informe con propuestas de mejora. De esta manera se podrá actualizar el RRI para el inicio del curso siguiente.

g) Actualizar el Proyecto Educativo de Centro en colaboración con toda la comunidad educativa:

Analizar el actual PEC por parte de todos los estamentos de la comunidad educativa, con la finalidad de conocerlo y revisar aquellos apartados que se consideren oportunos. Elaborar un PEC con objetivos claros, asumidos por el profesorado y compartido por las familias-tutores legales.

h) Renovar el Plan de Acción Tutorial:

La orientadora educativa, la jefa de estudios y la coordinadora de secundaria, evaluarán y actualizarán las actividades programadas de forma trimestral.

Y, respecto al Ámbito de Participación de la Comunidad Educativa:

a) Organizar jornadas de acogida a los padres y madres de alumnos:

Con objeto de fomentar la participación de los padres y madres de alumnos en la vida del Centro y su implicación en el proceso formativo de los alumnos, se llevarán a cabo unas jornadas de acogida a los padres de los alumnos de 1º de E.S.O, en las que se presentará el Centro, la filosofía de trabajo, se llamará a la implicación de las familias-tutores legales y se les ofrecerán técnicas para el control de absentismo y ayuda en el trabajo de sus hijos. Se procurará que en estas jornadas participen los representantes de la Asociación de Madres y Padres para que sirva además de reclamo de nuevos socios.

b) Favorecer la participación de las familias-tutores legales y AMPA:

Abrir el centro a toda la comunidad educativa fuera del horario escolar, estableciendo para ello la colaboración necesaria con otras instituciones: Ayuntamientos, AMPA, etc.

c) Potenciar el uso de la WEBFAMILIA como instrumento de comunicación con las familias-tutores legales:

Al inicio de curso en la reunión de padres hacer una demostración del funcionamiento de la WEBFAMILIA. Mostrarles las ventajas de su uso como instrumento de comunicación.

Facilitarles a través de la Secretaría del Centro cualquier incidencia ocasionada por esta plataforma.

A lo largo del primer trimestre, valorar a través de los tutores qué familias no son usuarios de la WEBFAMILIA y averiguar los motivos, y hacer que poco a poco éstas se involucren más en la educación de sus hijos y del centro en sí.

d) Mejorar la WEB del centro y ampliar su uso a toda la comunidad educativa:

Impulsar la colaboración en la página Web del Centro, dando participación al alumnado y a los padres.

e) Elaborar un plan de control del transporte escolar:

Lo realizará el equipo directivo mediante la creación de una red telemática de telefonía móvil del centro con los padres y madres responsables de parada que permita conocer, de inmediato, cualquier incidencia en la ruta.

7.6. Composición del Equipo Directivo

Esta candidatura que vamos a presentar en el Proyecto de Dirección, va a estar formada por tres miembros, de los cuales dos de ellos con experiencia, ya que llevamos casi cuatro años en la Dirección del Centro siendo como Sección, y realizando las tareas tanto de Director y Jefa de

Estudios. Y desde este curso escolar pasado, otra de las docentes con destino definitivo en el IES, que ha empezado a realizar las funciones como Secretaria, a pesar de no haber sido designada aún, y a pesar de aún no ser IES como tal.

Dirección: con 13 años de experiencia, y 4 como miembro del Equipo Directivo del Centro.

Jefatura de Estudios: con 8 años de experiencia, y 4 como miembro del Equipo Directivo del Centro.

Secretaría: con 5 años de experiencia, y 1 curso escolar, haciendo funciones de secretaria, pero sin haber sido designada.

7.7. Evaluación del Proyecto de Dirección

Este proyecto va a tener un proceso en el que se va a tener en cuenta sobre todo dos procesos en los que dicha evaluación se llevará a cabo: por una parte, cuando acabe el proyecto como evaluación final del mismo, y por otra parte, se llevará una evaluación continua y a lo largo de cada curso escolar dentro del periodo de dirección.

a. Por lo tanto, comenzaré con la primera parte que será una vez finalizado el proyecto:

Tal y como establece la normativa que regula la renovación del cargo de Director de los centros educativos, el Inspector del centro realizará un informe valorando la función directiva desarrollada en el mandato. Esta valoración servirá al equipo directivo para evaluar su proyecto una vez acabe los años de mandato, y así, poder hacer propuestas de mejora en los puntos que se nos diga por parte de Inspección, por haber sido valorados de manera negativa.

b. La segunda parte, es la que hace referencia al final de cada curso escolar:

Finalizado cada curso escolar del mandato, se partirá de los objetivos del proyecto que serán evaluados por los miembros que pertenecen a la Comunidad Educativa.

Para ello desde el Equipo Directivo se elaborarán unos cuestionarios asesorados por el Departamento de Orientación, y se pasarán al profesorado, a los alumnos del centro, y a las familias/tutores legales con las que podamos valorar el grado de consecución de todos los objetivos fijados. Los resultados obtenidos se concretarán en la memoria anual de dirección y se incluirán propuestas de mejora para aplicarlas cada curso escolar siguiente, hasta que acaben los años de mandato.

Por otro lado podemos hacer hincapié a una serie de indicadores que nos van a permitir de forma individualizada alguno de los objetivos fijados anteriormente. Estos se dividen en los siguientes ámbitos de actuación:

En primer lugar, respecto al Ámbito Académico e Institucional, tener en cuenta lo siguiente:

a) Reducir el escaso porcentaje de abandono escolar:

Número de alumnos que promocionan por curso.

Número de actuaciones individualizadas, realizadas y porcentaje de éxito conseguido.

Número de alumnos propuestos para la FPB y número de alumnos que se matriculan en primer curso de la ESO, proveniente de los diferentes pueblos de la comarca que están adscritos a nuestro IES.

Número de alumnos que abandonan prematuramente, ya que se necesita de mucha motivación hoy en día para que los alumnos sigan sus estudios.

b) Evaluar los procesos y programas del centro para incorporar mejoras y aumentar la eficiencia:

Análisis de los informes de mejora de los distintos procesos y programas.

c) Incentivar la coordinación docente:

Grado de satisfacción del profesorado.

Grado de satisfacción de los tutores.

d) Repartir tareas y cargos intermedios: en Claustros que sean participativos:

Grado de satisfacción del profesorado que sea alto.

e) Repartir tareas y actuaciones para el personal no docente:

Grado de satisfacción del personal no docente: auxiliar administrativo, conserje y personal de limpieza que en nuestro caso, pertenece por convenio al Ayuntamiento del pueblo de Jalance.

f) Fomentar la formación del profesorado:

Número de cursos, congresos o seminarios realizados por el personal docente, miembros del centro que han participado en total y en cada uno de ellos y cursos con objetivos aplicables a la práctica docente, es decir, que la formación sea demostrable bien por CEFIRE, o propuestos en el PAF que se organice en el IES para el profesorado, según intereses de los mismos.

g) Potenciar la lengua cooficial y extranjera, y ofrecer al alumnado contacto con otras culturas y realidades:

Incremento del número de profesores acreditados con la capacitación en inglés, o en su caso del Valenciano.

Participación en algún proyecto de incorporación lingüística en el IES, ya que al ser zona castellano-parlante, se intenta incorporar de manera progresiva la lengua del valenciano.

h) Mejorar y promover acciones para la buena convivencia a todos los niveles:

Número de partes de disciplina.

Incremento de los partes de disciplina con respecto al curso anterior.

Incremento del número de alumnos mediadores.

Número de jornadas de ocio y cultura realizadas a lo largo del curso y porcentaje de participación por parte de cada estamento de la comunidad educativa.

i) Ampliar y variar el conjunto de actividades extraescolares:

Número de actividades extraescolares propuestas por cada departamento, y realizadas a lo largo del curso con el porcentaje de participación del alumnado.

Número de actividades extraescolares relacionadas con la convivencia y porcentaje de participación.

j) Incentivar la participación del alumnado en la vida del centro:

Número de reuniones realizadas por la Asamblea de alumnos.

Propuestas realizadas a la directiva por parte de la Asamblea de alumnos.

k) Potenciar las TICs:

Valoración del uso de las tablets como elemento de apoyo en las aulas, sobre todo para alumnos que presenten NEAE.

Grado de satisfacción por parte del profesorado y del alumnado del uso de tablets.

Número de materias impartidas a través de la plataforma Moodle por cada departamento.

Número de blogs de profesorado en la página web del centro, sobre todo de diferentes profesores, así como el del Departamento de Orientación.

l) Hacer una evaluación y diseño de la atención a la diversidad más adaptada a las necesidades de nuestro alumnado:

Resultados académicos de los alumnos atendidos con NEAE.

m) Continuar mejorando la imagen del centro mediante la difusión de la actividad académica y extraescolar:

Número de visitas de la página web del centro.

Número de ejemplares digitales de la revista del centro.

n) Crear la figura de un profesor responsable de los alumnos con asignaturas pendientes:

Porcentaje de alumnos que han aprobado las materias pendientes de cursos escolares anteriores.

Porcentaje de alumnos que han seguido las directrices marcadas dentro del programa de recuperación de cada materia.

Valoración por parte del alumnado con materias pendientes de la efectividad de este servicio.

o) Ampliar el PAM:

Indicadores de evaluación establecidos en el propio programa y recogidos en la Programación General Anual (PGA).

p) Seguir trabajando en la inmersión lingüística

Número de Centros participantes en las jornadas que realizamos con otros IES de zonas Valenciano-parlantes.

Número de alumnos participantes en las jornadas.

Página web bilingüe, así como las convocatorias del centro,…

En segundo lugar, respecto al Ámbito Organización y Gestión, tener en cuenta lo siguiente:

a) Conseguir una buena coordinación del equipo directivo:

Grado de satisfacción del profesorado, Consejo Escolar, personal no docente, AMPA y alumnado.

b) Optimizar los recursos e infraestructuras del centro.

Valoración del Claustro de profesorado y alumnado del cambio a Aula Materia del centro.

La adecuación de la sala de Usos Múltiples se ajusta a las necesidades del centro.

La adecuación del antiguo almacén se ajusta a las necesidades del centro.

c) Elaborar un Protocolo de acogida tanto para el nuevo alumnado, como para el nuevo profesorado:

Evaluación por parte del nuevo profesorado del protocolo de acogida.

d) Mejorar el buen funcionamiento de la Comisión de Coordinación Pedagógica:

Medida del grado de satisfacción de los miembros de la misma Comisión.

Aumenta el número de reuniones de dicho órgano, pero mínimo se realizará una por trimestre.

e) Actualizar del Plan de Convivencia:

Número de protocolos incluidos en el Plan de Convivencia.

f) Revisar el RRI:

Informe con propuestas de mejora para el curso siguiente.

g) Actualizar el Proyecto Educativo de Centro en colaboración con toda la Comunidad Educativa:

Grado de satisfacción de profesorado, alumnado, Consejo Escolar y AMPA del PEC.

h) Renovar el Plan de Acción Tutorial:

Actualización el Plan de Acción Tutorial.

Informe con las actuaciones realizadas por grupo y trimestre.

Grado de satisfacción de los tutores.

Grado de satisfacción del alumnado.

i) Mejorar las condiciones de limpieza del centro:

Grado de satisfacción de la campaña de sensibilización

Grado de satisfacción de los informes anuales de reciclaje con las empresas externas que prestan el servicio al centro.

En tercer lugar, respecto al Ámbito de Participación de la Comunidad Educativa, tener en cuenta lo siguiente:

a) Organizar las Jornadas de acogida a los padres y madres de alumnos del centro que sobre todo, entran nuevos al centro cada curso escolar:

Número de participantes en la jornadas de acogida a los padres de sexto de Educación Primaria.

Número de nuevos socios en el AMPA.

Grado de satisfacción de las familias/tutores legales.

Grado de satisfacción del alumnado del centro.

b) Favorecer la participación de las familias y AMPA:

Número de actividades extraescolares promovidas por el AMPA fuera del horario lectivo.

Grado de satisfacción del AMPA

c) Potenciar el uso de la WEBFAMILIA como instrumento de comunicación con las familias/tutores legales:

Número de familias usuarias de la WEBFAMILIA.

Grado de satisfacción de las familias/tutores legales que utilizan la plataforma.

d) Mejorar la WEB del centro y ampliar su uso a toda la Comunidad Educativa:

Uso del AMPA con contenidos de la página en la Web del centro.

Número de visitas recibidas.

e) Plan de Control del Transporte:

Valoración de la red telemática móvil del centro.

7.8.   Conclusiones del Proyecto Directivo

En general, este TFM sobre el Proyecto de Dirección, decir que ilustra cómo en los últimos años, gracias al trabajo de muchos profesores, y en general al Equipo Directivo que presenta dicho TFM, que hemos sido los encargados de hablar con los Ayuntamientos, con la Dirección Territorial, con las familias/tutores de los alumnos,…se ha conseguido el sueño que se llevaba esperando hace años, que era el de pasar de ser una Sección de un IES con tan solo la Etapa de la Enseñanza Secundaria Obligatoria, es decir, de 1º a 4º de la ESO, a ser propiamente un IES con nombre, "IES Cañones del Júcar" en el que se van a impartir los cursos de la ESO, y empezaremos este curso escolar con 1º de Bachillerato, hasta lograr el 2º de Bachillerato, y sobre todo, enseñanzas de Formación Profesional de algunos de los Ciclos propuestos como evolución y según las necesidades y las demandas de la zona, de la Comarca, la cual tiene la Central Nuclear de Cofrentes, y la que da miles de puestos de trabajos cualificados para poder desarrollar su trabajo.

El motivo por el que elegí este tema, es porque este tema está relacionado con mi experiencia en el centro educativo, y como miembro del Equipo Directivo, vimos la necesidad de llevar a cabo un Proyecto Directivo real, que hiciera posible el pasar de cómo he comentado, de ser una Sección de un IES, a ser un IES propiamente dicho. Por lo tanto, llevar a cabo este proyecto ha supuesto y supondrá un cambio de un antes y un después en el pueblo y en la zona. La gente, pero sobre todo las familias/tutores legales de nuestros alumnos están muy contentas e interesadas en que este proyecto haya surgido de un grupo de profesores que a su vez, no son ciudadanos nativos del pueblo ni de la Comarca, sino son o somos, docentes que velamos y apostamos por la educación de todos nuestros alumnos. Sobre todo nos empezamos a dar cuenta con la bajada de notas en los alumnos, y sobre todo, la desmotivación que les llevaba al fracaso escolar e incluso a no querer seguir estudiando ni ciclos de Formación Profesional, ni Bachillerato, por el simple hecho de tener que desplazarse, o que pensaban en que ir por la rama de la FP era ir por una rama menos cualificada y con menos prestigio que ir por la rama del Bachillerato.

La educación por tanto, es algo muy importante y complicado a la vez de llevar a cabo sobre todo con los adolescentes, que interpretan las cosas como ellos quieren o les place. Así, hemos conseguido que este curso escolar haya más alumnos, incluso de pueblos de alrededor que les corresponde otro IES, a pesar de que sean los padres los que tengan que turnarse con los coches y traerlos hasta nuestros IES, ya que prefieren que sus hijos gocen de una atención y educación más individualizada, como es la que se presta en nuestro centro, al ser pocos alumnos por clase. Y de esta manera, se ha conseguido que los alumnos como he mencionado, vengan motivados a clase, y muestren una actitud positiva sobre atención, interés, constancia,... Aspectos, que harán y ayudarán a todos los alumnos al mayor aprovechamiento de las clases.

Tras al haber estado leyendo muchos artículos sobre las mujeres a cargo del Equipo Directivo, y sobre todo, como meras guías del mismo, es decir, como Directoras, se muestran cuáles son los caminos a seguir por las mismas, al igual que se puede deducir la importancia de un buen Equipo Directivo en un centro, para que todo salga bien en el mismo, y se consigan poco a poco más evidencias directas de llevar a cabo una educación de Secundaria y Post-Secundaria como es la Formación Profesional o el Bachillerato en un pueblo como en el que nos encontramos, y en el que se ha decidido cambiar algo que estaba establecido hacía muchos años, y que era difícil el conseguirlo. De hecho, hubo varias ocasiones en las que nos planteamos abandonar dadas las trabas que se nos estaban poniendo para no poder conseguir llegar a nuestro objetivo, que era el llegar a ser un IES. Por lo que, he llegado a la conclusión, de darle más o el protagonismo que se merece a la creación de un nuevo IES, ya que si nos proponemos cambiar por el bien de los alumnos, y siempre que esté todo bien argumentado, conseguiremos todo ante la Dirección Territorial.

Basándome en mi propia experiencia, y en la de mis compañeros que seremos los que demos paso a este nuevo proyecto en el centro, creo firmemente que la educación de nuestros alumnos en este IES va a crecer, ya que son alumnos que se encuentran motivados por poder seguir sus estudios en su IES, del que forman parte todos y cada uno de ellos.

8. Conclusiones del TFM

Respecto a los objetivos que se han planteado al principio de este TFM, decir en primer lugar, respecto a la elaboración de un proyecto de dirección para un IES propiamente dicho, para la población de Jalance, que ya constaba de una Sección de IES, han sido los adecuados y se han conseguido con éxito, debido a las necesidades actuales y reales del centro educativo mencionado. Antes de realizar este proyecto, se realizó un trabajo intenso por parte de todos los Ayuntamientos de la comarca, en el que se dedujo un análisis, valoración y reflexión sobre el DAFO del centro, para poder actuar en consonancia y de una manera activa y participativa con éxito de este proyecto de dirección, plasmando las necesidades y características del contexto educativo al que nos enfrentábamos.

Como se nombra en el marco teórico, y en palabras de Lliber en 2013, decir que es importante el implantar y alinear la cultura del centro educativo con la estrategia que se va a llevar a cabo, ya que la cultura de un centro es el conjunto de valores compartidos, de formas de pensar de toda la comunidad educativa, y sobre todo, las normas que determinan el comportamiento del personal que pertenece al centro.

Siguiendo a Rosales López, C., decir que para llevar a cabo un buen proyecto directivo, el director ha de tener una buena formación para ello, dotes de liderazgo, capacidad de trabajo, capacidad de trabajo en equipo, que tenga capacidad de motivar a la Comunidad Educativa a llevar a cabo y a defender sobre todo su proyecto de dirección. Para ello, es conveniente que todas las personas del equipo directivo en primer lugar, y en segundo lugar el resto de docentes conozcan, defiendan y lleven a cabo el proyecto directivo presentado para el centro, ya que de esta manera, se potenciarán cada uno de los roles que harán que toda la Comunidad Educativa se implique en el proyecto y seamos un centro innovador, participativo y de ejemplo para el resto. Para ello, el equipo directivo ha de armarse de "Motivación" con todos, para que el proyecto salga adelante, y los docentes vayan todos en un mismo camino, sacando lo mejor de cada uno de ellos, ayudándoles en su desempeño de todas y cada una de sus tareas. A esto es a lo que llamamos: "coaching", para poder mejorar en la calidad educativa del centro.

En segundo lugar, hay que tener en cuenta que los objetivos planteados tanto a lo largo del TFM como del proyecto de dirección de centro nombrado, son contenidos reales utilizados y extraídos de las materias teóricas de este Máster, así como de temas tratados en las ponencias del mismo, tratando de mejorar y de pertenecer al equipo directivo que haga cambiar un centro. Como dijo Pruden en una de las ponencias del máster, "Un centro no se cambia en 2 días, pero a lo largo de la candidatura, se puede cambiar poco a poco una filosofía dañina de un centro, haciendo que todos y cada uno de los miembros de la comunidad educativa se unan en el proyecto directivo común, acabando siendo partícipes en cada uno de sus objetivos y programas llevados a cabo de manera satisfactoria".

En tercer lugar, el desarrollo de la innovación en el centro educativo a través del proyecto de dirección, decir que está orientada en mejorar y sobre todo en conseguir llegar a ser un IES, en lugar de una Sección, con lo que nos supondrá en la comarca, presentar un proyecto directivo diferente hasta el que se llevaba a cabo años anteriores, por pertenecer a otro IES. De esta manera, se presentará el propio, con las necesidades encontradas en el municipio, y sobre todo en los pueblos adscritos a este IES, dándole respuesta de manera innovadora, siendo diferentes en la manera de llevar a cabo las metodologías cooperativas, programas llevados a cabo del alumno-tutor,…para todos nuestros alumnos y sobre todo para sus familias, que son las que decidan matricular a sus hijos en nuestro centro.

Y, por último, nombrar que la dirección de un centro educativo todavía tiene que cambiar mucho en nuestra sociedad actual, en la que existen equipos directivos que no están formados, o que son a dedo, y esto es lo que hace perjudicar la educación en un centro educativo, ya que un proyecto es para llevarlo a cabo entre todos los implicados, aquí, los máximos representantes serían el equipo directivo, y los docentes.

9. Bibliografía

- AUBERT, A., FLECHA, A., GARCÍA, C., FLECHA, R., RACIONAERO, S., (2008). Aprendizaje dialógico en la Sociedad de la Información. Barcelona: Hipatia Editorial.

- BOLÍVAR (1997). Liderazgo, mejora y centros educativos. En A. Medina (coord.): El liderazgo en educación (pp. 25-46). Madrid: UNED.

- CAMPO, A.: Herramientas para directivos escolares. Wolters Kluwer. Madrid, 2010.

- CARRASCO, M.J. La mujer en la dirección de los centros escolares andaluces. Universidad de Huelva.

- COIDURAS, J.L, VALDIVIA, M.A. (2001). Atención Educativa a la Diversidad en el Nuevo Milenio. A Coruña.

- FERNÁNDEZ, J.M. Dirección y buenas prácticas educativas en centros de orientación educativa. Universidad de Sevilla.

- GAIRÍN, J. y VILLA, A.: Los equipos directivos de los centros docentes. ICE de la Universidad de Deusto. Ediciones Mensajero. Bilbao, 1999.

- GAIRÍN, J. (2012). Instituciones Educativas para la Calidad Total. Madrid: La Muralla.

- GARDNER, H. (1995). Inteligencias Múltiples: la teoría en la práctica. Barcelona: Paidós Ibérica.

- LORENZO, M. (coord..) (2011). Organización y gestión de centros en contextos educativos. Madrid: Universitas.

- MAÑERU, A. (2007). Mujer, Igualdad y Educación: Ser Directora. OGE nº3 (10-14).

- MARTÍNEZ, J.A, ZENONA, A., CALVO, M., GARCÍA, A.M., GIL, E., GUTIÉRREZ, D., MARTÍN, J. Mejora del proceso de enseñanza y aprendizaje en el departamento de dirección de empresa e historia económica. Universidad de La Laguna.

- NAVARRO ESLAVA, J.J. (2017-2018) .Apuntes del Máster en dirección de centros educativos. Universidad Cardenal Herrera (CEU Valencia).

- PÉREZ, R. (2006). Evaluación de programas educativos. Madrid: La Muralla.

- RIVERA BUTZBACH, E. (2012). Crowdfunding: la eclosión de la financiación colectiva, un cambio tecnológico, social y económico. Barcelona: Ediciones Microtemas.

- ROIG-VILA, R. Las TIC y el profesorado en el contexto educativo musical: un estudio en el conservatorio profesional de música de Alicante. Universidad de Alicante.

- ROIG-VILA, R., BLASCO MIRA J.E., LLEDÓ CARRERES, A., PELLÍN BUADES, N. (2016). Investigación e Innovación Educativa en Docencia Universitaria. Retos, Propuestas y Acciones. Universidad de Alicante.

- Artículo: Dirección Estratégica y Diseño Organizativo.

- Artículo: Retos del Programa de Acción Tutorial: la adaptación curricular y nuevas vías de interacción con los estudiantes.

- Artículo: PROTO-COL. Red interuniversitaria para la formación en protocolo, eventos y relaciones institucionales (2010-2016).

- Alternativas para valorar el grado de satisfacción de estudiantes con su titulación.

- ROSALES LÓPEZ, C. (2001). Función Directiva: Hacia un liderazgo educativo. Revista de Estudios y experiencias educativas. Universidad de Santiago de Compostela. ADAXE, nº17, 25-37.

- SÁNCHEZ RAMÓN, J.M. (2005). Evolución del perfil del director en los centros docentes. 25 años en constante transformación 1970.